Noyla Samova

Kreislauf des Träumens
Momentaufnahmen

Gedichtband

Impressum

Bibliografische Information der Deutschen
Nationalbibliothek:
Die Deutsche Nationalbibliothek verzeichnet diese
Publikation in der Deutschen Nationalbibliografie;
detaillierte bibliografische Daten sind im Internet über
http://dnb.dnb.de abrufbar.

Verlag: BoD · Books on Demand GmbH, Überseering 33,
22297 Hamburg, bod@bod.de
Druck: Libri Plureos GmbH, Friedensallee 273,
22763 Hamburg

ISBN: 978-3-8192-7652-1

Winter

Stillstand – Ruhe – Isolation.

Weiße Wände

Lehnend an weißen Wänden sitzend
Angst davor, sie zu beschreiben
weiße Wände
die wie leere Seiten
unnahbar unbeschrieben bleiben.

Übermalte schwarze Worte
die unter der Tapete wüten
tintenlos gravurverankert
sich vor der weißen Farbe hüten.

Neuanfänge ohne Wunden
die aus weißen Wänden ragen
Erinnerungen
unzählig vieler Fluchtversuche
an dunkelweißen Wänden nagen.

Ein leeres Buch voll leerer Seiten
aus Angst die Zukunft zu verlieren
statt losgelöst gefühlsgeleitet
Wände mit bunten Farben zu beschmieren.

Unbeschriebene Seiten
die in Leere
wortlose Stimmen erahnen
während gewalt unausgesprochene Worte
vor der Klarheit eigener Gefühle warnen.

Unaufgeschriebene Gedanken
die in ungeborener Fülle
durch Träume fliegen
während ehrliche Worte
schüchtern und schweigend
in der sicheren Hülle der Stille
liegen.

Stille
die Aufruhr und Wille besänftigend
in sich gefangen hält
die den Nebel, die Kälte
und den Winter beschreibt
während Wille
in die Löcher des Schweigens fällt.

Unausgesprochene Gedanken
Platz für die Worte
die nicht länger nur Worte bleiben
während durch blaue Tinte
gedankenbeschriebene Taten
die gähnende Leere überschreiben.

Eine Stimme so fern von der eigenen
die von verschwommenen Klarträumen spricht
die Spitze der Botschaft
ist abgerundet
damit sie bloß niemanden sticht.

In der Hoffnung
dass Worte gelesen werden
und auch
dass sie danach vergehen
bleiben Zeilen um Zeilen
bedeutungslos
als könnte tatsächlich
sie jemand verstehen.

Worte

Ein tiefes Schweigen
sagt viel mehr
als das, was wir Sprache nennen
denn in bloßen Worten
ist selten
das Gemeinte zu erkennen.

Doch man fließt
in Worten von Menschen
in Menschen man liest
und durch Gedanken
ins Schwanken gerät
die wahre Botschaft
doch leicht übersieht.

Denn nicht nur ein Wort ist
was zwei Menschen verbindet
auch wenn eine Freundschaft
durch Sprache sich findet
wir ohne Worte
trotzdem verstehen
was in den Augen
des Gegenüber wir sehen.

Worte sind voll
Worte sind leer
Worte können schmerzen
Doch Schweigen viel mehr

Wer Worte nicht kennt
doch das Gesagte versteht
schließt die Augen
wenn es ums Lesen geht.

Worte sind schwer
wenn sie zitternd gesprochen
Worte sind laut
wenn sie Schweigen gebrochen
Worte sind Messer
Worte sind Licht
wenn ein Wort
bekannte Regeln durchbricht.

Und ein Mensch sich probiert
in den Worten verlieren
während Gefühle
zwischen den Worten passieren
sich überzeugt
um Erklärungen reißt
den schwarzen Punkt
in der Mitte
verschwommen
umkreist.

Ein Wort
trägt fort
vielleicht
zu einem anderen Ort.
schwer zu begreifen
Tatsachen schleifen

Und beim Versuch
Empfindung zu erklären
erfüllte Räume
mit Worten leeren
erfüllte Worte
mit Bedeutung füllen
die das eigene Sichtfeld
nur grob umhüllen.

Ein Blick
mehr als tausend Worte verrät
wenn plötzlich ein Blinder
ohne Augen sieht
wenn das Auge
das Zentrum des Sehens verfehlt
nur was im Inneren passiert
plötzlich zählt.

Worte sind laut
Worte sind stumm
Worte tanzen
wie Pflanzen
um Steine herum.
während Worte bekannte Melodien benennen
ohne selbst Bedeutung und Inhalt zu kennen.

Worte sind Namen
die Bilder beschreiben
und Bilder im Rahmen
des Augenblickes verbleiben

Bilder,
die niemals wiederkehren
gefolgt von Worten
niemals Tatsachen lehren.

Bleiben Worte doch alles
was zum Reden uns bleibt
was um uns herum ist
verschwommen umschreibt.

Denn Worte leben in uns
weil wir sie neu erfunden
sie in uns von selbst
Bedeutung gefunden.

Worte sind voll
Worte sind leer
hinter kunstvollen Bildern
verbirgt sich das Meer.

Goldenes Licht
das wie eine Erinnerung an Wärme
zwischen die Schatten fällt
der sanfte Glanz von blauem Himmel
der einen ewigen Winter für Sekunden erhellt.

Ein kurzes Blinzeln zwischen den Wolken welches sich
schüchtern
durch die graue Wolkendecke traut
ein federleichtes Fundament aus Hoffnung strahlt
aus unsichtbaren Träumen erbaut.

Eine kurze Erinnerung
an einen endenden Sommer
die wie warmer Regen
über deine Lippen rinnt
der Sommer ist hinter den Wellen verschwunden
doch seine Erinnerungen
vielleicht
nicht die letzten sind.

Ich sehe das Tal
laufend auf goldenen Hügeln
von der lauwarmen Nachmittagssonne gewärmt
ich höre
wie ein Vogel zwitschert
als ob er vom kommenden Frühling schwärmt.

Ich sehe eine Welt
die sich in eigenem Glanz
wiederholend erneuernd
wachsend
bewegt
die erwacht, erstrahlt, ermüdet
und stirbt
und sich selbst durch die Trauer trägt.

Ich sehe die Felder, die Sonne, die Wolken
die sich ohne zu sprechen erkennen
die ohne Worte
und ohne Urteil verstehen
sich vereinen und sich wieder trennen.

Neues Leben
wenn die Welt aus dem Winter erwacht
in einem Kreislauf als Ganzes vereint
während ein Mensch
in Gedanken gefangen
daneben steht,
sich als getrennt davon
beweint.

im warten des wartens im alltag
in einer geschwindigkeitsgeprägten welt
in lichtsekunden versendete worte
geduld sich in grenzen hält

im fluss unbeständiger informationen
beständigkeit sich ständig verliert
anpassen an das neue gewöhnlich
gewöhnlich von angst regiert.

in fluten von informationen
überladen von entfernt abstrakten wissen
bilder von fernen situationen
überladung von schlechtem gewissen

in der schuld und im stetigen weltschmerz
verbunden mit fragmenten von andern
kollektiv isoliert und stumpfgestellt
von einem standpunkt zum nächsten wandern.

die promille spielen keine rolle
die leichtigkeit ist verflogen
bei der frage ob alles in ordnung sei
haben alle am morgen gelogen

gesichter voller erschöpfung
voll fremd gedachter gedanken
vorfreude, euphorie
und rausch
in ernüchterndem boden versanken.

der leichte schimmer des neujahrmorgens
scheint klarheit schaffend zu verblassen
hätte euphorisch getroffene neujahrsvorsätze
man hypothetisch als wünsche belassen.

Zelt aus Worten

Unaushaltbar laute Stille
im Zelt der eigenen Worte
unausgesprochener Wille
allzu bekannte fremde Orte.

Versteck und Zuflucht
vor dem Alltäglichen
erlangen
versteckt im Zelt aus vollen Zeitungen
in allen Netzwerken gefangen.

Gesellschaft ohne tiefe Absicht
mit Worten Seelen fast zerreißen
doch streng erdachte Schreckensbilder
kalte Tränen nur vereisen.

Leben in einem Zelt aus Zeitung
was überall zugleich passiert
in der Frage nach Fantasie
und was nicht stimmt
in fremde Pfade sich verirrt.

Machtlose Blicke auf
Schreckensbilder
Todesorte
zwischen den Zeilen
zwischen den Bildern
angenommener letzter Worte.

Verschlossene Augen
verschlossene Münder
verschlossene Herzen
zum Schutz
was einem selbst gehört
gefühlstaube Bilder
leidender Kinder
Illusion
gerechter Welt
zerstört.

Die Asche

Das ist alles
was übrig bleibt
nach dem Feuer
in der Asche liegen.

Während
schwarzweiße Partikel
zu Rauch vernebelt
in Erinnerungen fliegen.

Während Fragmente
von Momenten
in den unmöglichsten Gedanken
brennen
Überreste der Gefühle
kopfüber um die Wette rennen.

Denn nach dem Feuer
ist nichts als Wärme
und Asche verblieben
Gedanken
die die müden Gefühle
zur bitteren Ruhe trieben.

Asche
die verfliegt
um neuen Boden zu geben
für neue Wurzeln
neue Blumen
und für ein neues Leben.

Frühling

Visionen – Wachstum – Suche.

All   die   Gedanken
die   im   Raum   nur   so   schwebten
sich   zusammenhängende   Textstrukturen   webten
Sich   wie
Wolken   über   den   Himmel   bewegen
Sie werden dichter und versprechen Regen.

Da ist Liebe in den Menschen
wenn sie lachen, wenn sie leben
Leben in müden kalten Herzen
nach erwachtem Lichte streben

Denn da ist Liebe in Enttäuschung
die Lebensträume in Seifenblasen verwandelt
und die Wünsche an das Leben
wie schillernd-bunte Bilder behandelt.

Da sind noch Träume in den Menschen
wenn sie den Mut haben, sie zu sehen
die sie als Kunstwerke aus Formen und Farben
und Worten und Klängen verstehen.

Da ist Liebe im Verlust,
denn das Geliebte ist gewesen
da ist Bedeutung in leisen Worten
beim zwischen den Zeilen lesen.

Da liegt Hoffnung in den Worten
Visionen in der Zukunft sehen
Metaphern voller Hoffnung und Wärme
um schwere Zeiten durchzustehen.

Da ist noch Liebe in den Menschen
wenn sie die Schönheit der Seele begehren
und verstehen
dass es glücklicher macht
zuzuhören
und zu schweigen
statt ohne Wissen
 zu belehren.

Denn da ist Hoffnung, wenn wir lernen
nicht zu urteilen ohne zu denken
wenn wir an lichtlos dunklen Tagen
ein Lächeln ohne Grund verschenken.

Offensichtliches Geheimnis

Meine Zunge zuckt
doch ich bin still
wie für immer schweigend lebend
würdest nur eine Frage du mir stellen,
so wäre ich Antwort gebend.

Meine Hand bewegt sich
ich schreibe schnell
ohne die Wahrheit zu verschweigen
das Unsichtbare vor der Nase
zum Selbstverständlichen sich neigend.

Wie groß ist die Welt?

Wie groß ist die Welt?
Wenn das Universum uns fest an den Händen hält
und plötzlich loslässt
in den Strudel des Sein.
Ist der Weg den wir suchen
für uns kollektiv
oder gehen alle ihren Weg zur Wahrheit
allein?

Mal verbrennen wir Brücken
mal pflanzen wir Triebe
tun wir es aus Schuld
oder tun wir es aus Liebe
wenn der Freund seinen Feind
an den Händen hält
wohin, warum,
wie groß ist die Welt?

Sind alle auf Wanderschaft
auf einer Reise
die einen
lassen sich treiben
andere trennen sich leise
gemeinsam einsam ins Niemandsland
nehmen wir uns
zu Tode schweigend
still an die Hand.

Manchmal ist alles so einfach
wie ein Sommertag auf einem idyllischen Feld
Seelennahrung für seelisches Flachland
doch wie groß ist die Welt?

Geschichten.

Wir leben
und wir verstehen
nicht immer
was wir sehen.

Wir erleben
überlegen
in eigenen Gedanken
auf eigenen Wegen.

Wir begegnen Menschen
die uns Geschichten erzählen
ihre Gedanken und Bedenken
die sie nächtelang quälen
die sich fürchten vor dem
was hinter dem Sichtbaren passiert
bodenlose Ängste
in denen sich ein Gedanke verliert.

Geschichten
von inneren Dämonen und Bösewichten
von dem was uns nährt und am Leben hält
in der eigenen Seifenblase
der eigenen Welt.

Und ich frage mich,
was von dem, was ich höre
habe ich erlebt oder gesehen?
Wovon weiß ich, was mich wissend hält
was andere nicht sehen?

Was, wenn mein begrenzter Horizont
mich zum Urteilen zwingt,
weil mein Gefühl der Angst
mich fordernd zu sich winkt?

Warum fällt es doch so viel schwerer
einfach zuzuhören
statt sich an den Sichten
fremder Geschichten zu stören?

Was, wenn Wahrnehmung
in Extremen liegt
und das Objektive
in der Mitte der Summe
des Subjektiven wiegt?

Weil ein Rucksack voller Erlebnisse
auf unser allen Schultern wiegt
und weil das, was uns nah ist
am ehesten unsere Furcht besiegt.

Weil wir eigene Vorurteile
stets schweigend verneinen
doch erst Verständnis empfinden
durch das Gedankenvereinen
durch das Zuhören
und durch das selbstlose Wagen
nach den Geschichten
hinter den dichten Zweifeln
zu fragen.

Wer möchte eine Welt
in der sich Menschen bekriegen
zu wissen
dass sie mit Gewalt niemals richtig liegen
mit Worten wie mit Waffen um sich schlagen
ohne Verantwortung für ihre Taten zu tragen.

Wer möchte eine Welt,
die plötzlich brennt
weil jeder nur hinter der
Weltsicht eines anderen rennt
dessen Stütze
aus einem Fundament aus Hass besteht
sich die Erde niemals um den Menschen dreht.

Es ist nicht einfach,
alle Perspektiven zu sehen
und die Geschichten beider Seiten
tatsächlich verstehen
Erfahrung stets nach ihrem Gewicht zu wiegen
im sicheren Wissen, niemals richtig zu liegen.

Doch vielleicht geht es hier nicht um Sieg,
sondern darum
in Frieden zu leben
Verständnis,
Hoffnung
und Freiheit zu geben.

Es ist der Winkel hinter dem Kerzenschein
der Unsagbares ehrlich erhellt
ein Funke, der den Verstand
zum Feuer entfacht
zerstört eine heile Welt.

Es liegt in den Händen der Brennenden
den Funken voller Stärke zu teilen
um den toten Winkel totgeschwiegener Seelen
für eine Sekunde zu heilen.

Voller Mut & unermüdlicher Stärke
stolperfrei
über glühende Kohle zu rennen
um Jene in der Menge zu finden,
die an der Wahrheit nicht verbrennen.

Polarität

Nächtliche Stunden voller Zweifel
die im Schatten des Tages liegen
Worte, die in ihrer Zurückhaltung
neben achtlosen Schreien verfliegen.

Machtlos von Gedanken zu Tatsachen
die in der Ahnung ihrer Handlung verharren
weil Taten im Schatten von Tatsachen
zu erfrorenen Gedanken erstarren.

Weil der Widerspruch der Existenz
wie eine Nebelwolke Klarheit verschafft,
Stärke bedeutet Schwäche,
oder bedeutet Schwäche einfach Macht?

Was ist Menschlichkeit,
und wo endet Leben?
Ist sie für jeden Einzelnen zum Greifen bereit
oder sollte es mehr davon geben?

Wer sind wir
zu richten über den Wert von Würde
über den Wert des Schwachen
über den Wert von Leben
während wir
in unserem ungleichen Urteil
nach der Illusion von Gerechtigkeit streben?

Wie lange kann die Sonne noch scheinen
wo sie strahlend am Horizonte steht
wie viele Schiffsbrüche wird das Meer noch beweinen
bevor die Flut in die Ebbe übergeht?

Wie lange kann Dunkelheit
Dunkelheit bleiben
mit dem Gesicht
was sich nicht mehr im Spiegel erkennt
während Versuche unwissendes Treiben
wie ein Feuer auf salzigen Wellen brennt.

Wie lange können Menschen in der Lüge leben
dass Gewalt gegen andere größer sie macht
wie lange kann ein Herz lügend lachen
während die Schuld über die Mundwinkel wacht

Wie lang ist der Weg
an seidenem Faden
der sich verzweifelnd wissend
durch die Menge schlägt
während die Welt
sich überdauernd bedauernd
über unsere Existenz hinweg
stets weiter bewegt.

Wut bringt den Stein ins Rollen
Aggression schützt vor dem Verlust des Selbst
Zielen ist eine aktive Handlung im Schritt zur
Selbstwerdung

Wut bringt den Stein ins Rollen
das Feuer zerstört Brücken zu einem unentschlossenen
„Vielleicht"
Der Prozess der Entstehung beginnt
mit dem ersten Hammerschlag

Wut bringt den Stein ins Rollen
Aggression schützt vor dem Verlust des Selbst.

Pazifismus

Ich stehe zwischen zwei Fronten
die ihre Mauern nur noch höher bauen
Mauern,
die viel zu hoch sind,
um vom eigenen Horizont hinwegzuschauen.

Und ich weiß
es ist nur eine Frage der Zeit
bis sich wütende Truppen
in der Gewissheit zu siegen
wütend & jederzeit zum Kämpfen bereit
sich beginnen, gegenseitig zu bekriegen.

Nur ich stehe dazwischen
mit dem Wissen
nach diesem Kampf am Boden zu liegen.

Doch das ist es mir wert.
Auch wenn niemand
meine beschwichtigenden Worte hört,
wenn im Bruchteil der Sekunde
in der sie mich niederschlagen
sie sich nur im Bruchteil eines Gedankens fragen,
was Krieg wäre, wenn keiner hingeht.

Kreise um die Sonne

Überhöhte Selbstansprüche
die nach dem Licht der Sonne streben
als wäre nur im Dunkeln da
der Raum zu lachen und zu leben

Als würde ein strahlend klarer Mond
das Licht der Sonne nicht ertragen
zu furchtsam und zutiefst beschämt
selbst zu leuchten nicht zu wagen.

Weil das Licht der Sonne
dem Mond die Kraft zum Leuchten gibt
weil er in ihrem hellen Schatten
sie nur durch Angst gefangen liebt

Nicht mehr als nur ein Mond
kein Stern, der von sich aus Wärme schenkt
er der Sonne von allen hellen Sternen
am meisten an den Lippen hängt

Er in seinem dunkel-traurigen Schein
langsam um die Erde kreist
das Wasser zieht er in seinen Bann
unwissend seine Kraft beweist.

Die Sonne trotzdem ohne Zweifel
ihre unnahbare Macht behält
um sie kreist unser Summe Leben
um sie kreist unsere kleine Welt.

Doch wir sind Menschen
beschenkt mit Wille
sich selbst ein Universum geben
wir lieben, lachen, schreien, leiden
in unserem eng begrenzten Leben.
Viel zu oft klammern wir uns an Sonnen
die etwas vorzuschreiben meinen
überhöhte Ideale
die als das einzig wahre Licht erscheinen.

Viel zu häufig sind wir Monde
die sich in Kreisen um die Erde drehen
wollen vor der Sonne uns beweisen
in ihrem Schatten untergehen.

Viel zu selten sind wir Sterne
die in ihrer Summe Licht verschenken
statt der Sonne hinterherzujagen
an unsere eigenen Kräfte denken
statt um einen Sonnenplatz zu kämpfen,
der ihr Licht nur reflektiert
mit dem Wissen, dass alles Licht wir geben
nicht aus eigener Kraft passiert.

Wir sind kein Mond
den das Universum
in seiner Umlaufbahn
gefangen hält

Wir bauen uns
im Fluss der Lebens
unsere eigene kleine Welt.

Wir leben in des Lebens Rahmen
um unser eigenes Leuchten zu finden
um uns selbst ein Licht zu werden
Angst vor dem Scheitern überwinden

Wir sind keine Armee der Sonne
doch lichtbedürftig
stets ein Kind
doch die Sonnen wird scheinen
oder sterben
ob wir Monde oder Sterne sind.

Sommer

Wärme – Liebe – Gelassenheit.

Farben.

Farben in all ihren Facetten
bunte Blumen an dunkeln Orten
In Wärme, Sonne, Strahlen und Licht
und manchmal auch in Worten.

Federn

Während Träume
in den Kissen unserer Betten liegen
und Seelen gegen die Ecken unserer Räume fliegen
prasseln
Regentropfen
wie Steine aufs Dach
Wasser
verspricht Leben
hält Schwere wach?

Ist Zukunft das
was das Jetzt schon verrät
Leben
in unerwartete Wege verweht
und Pläne verfliegen
während Steine nur liegen
des Körpers Schwere
lebenswerte Träume besiegen.

Horizonte

Ein Blick in die Ferne
ein Weltbild verrückt
ein Griff nach den Sternen
auf den Boden zurück.
Sind Distanzen Horizonte
und Horizonte Grenzen,
die das menschliche Denken
von Ferne ergänzen?

Ohne Reue beschämt
das Sichtfeld gedreht
wenn ein Mensch eines Tages
neue Wege begeht
sind Wurzeln
wichtige Glieder des Herzen
die eine Seele können
stärken wie schmerzen?

Eine Seele die lacht
oder bitterlich weint
durch Gefühl eher
als durch Verstand zu wachsen scheint
eine Seele nachdem sie weint
wieder lacht
und ihr Funkeln
so viel Stärke in anderen Seelen entfacht.

Hat Horizonte
als Ziel sich vorgenommen
ist der Sonne durch Rennen nie nähergekommen
sich vom Boden zu lösen
blind versucht
in Fantasie
den Weg zu den Sternen sucht.

Sich durch Fantasie
aus dem Geschehen erhebt
die Weite des eigenen Blickes erlebt
dort, wo Seele nicht altert, nur reift
und allmählich
das Wirken eines Ganzen
begreift.

Und Distanz ist ein Raum
vom Menschen definiert
eine Grenze ein Zustand
zu erreichen probiert.

Horizont ist ein Ort,
den wir niemals begehen
dort wo andere sehen
die Sonne aufgehen.

Seifenblasen

Wir sind wie Seifenblasen
die sich schwebend im Wind bewegen
sich im freien seichten langsamen Fall
auf grüne Grashalme legen.

Wir sind wie Seifenblasen
die sich tanzend in der Luft berühren
dem Strom des Lebens vertrauensvoll folgen
während laue Winde sie führen.

Wir sind wie Seifenblasen im Wind
die sich an ihren schillernden Farben erfreuen
sich ihrer Vergänglichkeit im Klaren sind
doch niemals ihr Dasein bereuen.

Liebesgedicht an die Erde

Woher weißt du, ob die Erde geliebt werden will
von Menschen, die sie täglich berauben?
Vielleicht bleibt sie in ihren Zweifeln still
und kann gar nicht mehr an Liebe glauben.

Vielleicht ist sie in ihrem Schmerz des Verlustes
von tiefer Enttäuschung geprägt
wenn ein Mensch das Wachstum ihrer eisernen Geduld
in einem Moment zersägt.

Und es ist doch eine Frage von Verständnis
was jemand als Liebe erkennt
denn manchmal hält Liebe ein Leben lang
manchmal ist sie nur ein Moment.

Ein Liebesgedicht an die Erde -
sie wird sich fragen, wer es ihr schreibt
sind es leere Worte zum Besänftigungszweck
oder Treue, die ewig bleibt?

Während sie sich bedingungslos um uns sorgt
entscheiden wir frei, auf wessen Seite wir sind
denn du kannst sie berauben, verstoßen, zerstören
und bleibst trotzdem stets ihr Kind.

Wir wünschen uns, Liebe sei bedingungslos
doch wird sie durch Schubladen beschränkt
plötzlich ist Liebe ein Konzept für Beziehung
von Ideal und Erwartung gelenkt.

Doch ist Liebe nicht nur das Konstrukt von Gefühl
was man zwischen zwei Menschen beschreibt
Liebe steckt in jeder Blume
jedem Stein, jedem Lächeln
es ist die Art von Liebe, die bleibt.

Vielleicht ist die Liebe, die die Erde sich wünscht,
nicht die Liebe, die die meisten Menschen kennen
von Betrug, Enttäuschung und Wunden geprägt
vom ehrlichen Lieben uns trennen.

Weil wir uns danach sehnen,
nur dem Herzen zu folgen,
doch aus Angst uns davor entfernen
sollten lieber wir unsere Herzen öffnen
und von der Erde das Lieben lernen.

Künstlersein

Es sind nicht deine Werke
die dich zum Künstler ernennen
sondern darin, die Welt selbst
als Kunstwerk zu erkennen.

Es sind nicht nur deine Melodien
Die in fremden Seelen klingen
sondern die Klänge dahinter
die dich zum Komponieren bringen.

Es ist nicht die Art, wie du malst,
oder Bilder, die einfach entstehen
es ist die Fähigkeit, hinzuschauen
und die Welt täglich neu zu sehen.

Das Meer (1)

Sanfte Wellen
Strahlen der Sonne sie erhellen
und die tiefen Weiten
in ihren klaren Schein so stellen.

Ein Blick vom Strand
vom unbeständig versickernden Sand
ein Blick in die Weite
verzaubert vom Bann
bereisen, durchqueren
eines Tages irgendwann.

Das Glänzen der Wellen
im Sonnenlicht
rauschendes Wasser
Steine durchbricht
eine Welle
stumpf auf die Felsen schlägt
sich im eigenen Bann
ohne Zweifel bewegt
sie der Sonne, dem Mond
und der Erde gehört
im Einklang des Ganzen
keine Seele so stört.

Ein Blick vom klaren weiten Strand
gleiche Empfindung
bloß anderer Sand
am Horizont
gleiche Felsen
gleiches Meer
und der Blick
fließt
den Wellen hinterher.

Der einst feste Felsen
ist nun Sand
an dem ruhigen versickernd
verfliegendem Strand
jeder Stein Horizont
etwas näher rückt
von windigen Strömen
in diese Richtung gedrückt.

Und in ihrer Mitte
das rauschende Meer
trauert den Felsen hinterher
es fließt mit den Blicken
ohne Weg ohne Ziel
und spielt mit den Wellen
sein wiegendes Spiel.

Es fließt ohne Sorge, Zweifel und Last
trägt jede Verschmutzung
jede schwerende Last
und bleibt ohne Zweifel
viel mehr als wir sehen
trägt Tiefen in sich
die wir niemals verstehen.

Denn Leben geschieht
Ohne Rast, ohne Halt
Hinweg der Grenzen
des Menschen Gewalt
weder Sonne noch Mond
sich schlafen legt
und ein Planet sich scheinbar
wie selber trägt.

Ich sitze am Strand
und sehe das Meer.
Ich starre den Wellen
hinterher.

Das Meer (2)

Glitzerndes Wasser
im Sein des Vergehen
während Felsen und Steine nichtwissend
in der Brandung stehen.

Der Wind in den Haaren
lässt vergessen
Zeit lässt sich nur
in Geschehen messen.
Sitze im Norden am tiefblauen Meer
starre den Wellen hinterher.

Ich laufe umher, ohne Last, ohne Ziel
bin nur eine Puppe im göttlichen Spiel
ich folge der Wärme des Sonnenschein
doch wohin ich wander
weiß nur die
Sonne allein.

Sehe am Horizont ein neues Licht
ein Zeichen, dass alles wie vorher
und doch anders ist
ich sehe den Himmel über dem Meer
ich träume den Wolken hinterher.

Die gleichen Reime und dieselben Lieder
schließen mit dem Anfang des Kreises sich wieder
was einmal nur Schatten am Horizonte war
rückt langsam näher
war nie so nah.

Die gleichen Wellen, der gleiche Sand
schwimmt an des Lebens gleichen Strand
Gefühle und Träume sind geblieben
während andere Gedanken
und Ziele sich lieben.

Denn Leben geschieht
ohne Rast ohne Halt
im Rahmen einer unsichtbaren Gewalt
es fließt von der Quelle
bis hin zu den Seen
vorbei an den Ufern
im Vorbeigehen sehen
und schließlich befreit
in das offene Meer
Wind ist nicht wollend
Wasser nie leer.

In meinem Traum bin ich das Meer
umfasse mit meinem Wasser
die Schluchten und Risse der Erde
Lebensraum für Millionen von Lebewesen
ich trage alles
womit ich beladen werde.

In meinem Traum bin ich das Meer
mal Ruhe, mal Sturm
mal Ebbe, mal Flut
doch es ist nicht meine Macht
die meine Wellen bewegt
nicht meine Trauer
nicht meine Wut.

In meinem Traum bin ich das Meer
so mächtig erscheinen mag
bin ich doch nur Wasser
voll Millionen Organismen
geleitet von Nacht und von Tag.

In meinem Traum bin ich das Meer
welches ruhig und friedlich erscheint
unter dem Glitzern
unendliche Tiefen
salzig
wie Tränen
die ein Mensch manchmal weint
in Träumen
von Menschen
die schliefen.

Ich träume von Licht nach Mitternacht
von Kälte, die gleichzeitig Wärme entfacht
von grünen Lichtern
wenn sich die Sonne nicht zeigt
sich vor dem Glänzen des Schnees
die Dunkelheit verneigt.

Eine Ruhe
die trägt
und nicht sucht
keine Seele hasst oder gar verflucht
keine Seele die führt
als der Weg der sich zeigt
und eines Tages
unerwartet
erwartet zweigt

Dort
wo der Nebel Gedanken durchdringt
plötzlich im Rhythmus des Jahres singt
wo Bäume nicht nur Freunde
sondern Leidensgenossen
während der Regen
seine Tränen vergossen
weil er sie anhält
bis Wolken sich leeren
und sie mit jedem Herbste
wiederkehren.

Weil im Winter alles
stirbt und erfriert
und es jedes Jahr
aufs Neue passiert.

Eine Ruhe unter dem Schnee bedeckt
während Ruhe mehr als nur Ruhe weckt
wie Tag und Nacht
sich der Alltag geleitet
Tag und Nacht
selten unterscheidet.

Beim Rasen mähen
fiel mir auf
dass ich ein vierblättriges Kleeblatt
zerstörte
und wie oft mir schon passierte
dass ich das Glück überhörte
während ich
geradlinig versuchte
im Garten meiner Seele
Ordnung zu halten.

Spätsommer
Zeit zerrinnt
zwischen meinen Fingern
ich schaue dabei zu
Vergänglichkeit

Herbst

Melancholie – Vergänglichkeit –
Loslassen.

Liebe ist eine Insel
die über den Wellen schwebt
Liebe die von innen stark macht
Liebe die wahrhaftig lebt.

Eine Insel
ein Platz für zwei Menschen
die sich gegenseitig im Lichte sehen
zwei Menschen
die sich gegenseitig stützen
zwei Menschen
die sich selten verstehen.

Und in jeder dieser Stunden
welkende Blüten fallen
die Blüte, die ist mal gewesen
stark genug um in der Zukunft zu hallen.

Liebe ist eine Insel
die zwei Menschen zusammen hält
sie ist das Einzige
was sie verbindet
zu benennen als zweisame Welt.

Liebe ist eine Insel
wie viele im Meere zu sehen
Vergangenheit längst versunken
Inseln bleiben bestehen.

Inseln, die im Sturme sich lösen
Felsen aus sicherem Stein
ertrunken in den Fluten des Lebens
ertrunken im ertragbaren Sein.

Inspiration

Fallend in ein Loch buntdunkler Freude
eine Freude die Herzen erblühen lässt
eine Wärme
die so warm wird
dass sie Hitze heißt
eine Furcht
dass sie das Herz bald verlässt.

Sie leuchtet wie ein klarer Blick auf das Leben
sie ist plötzlich da, obwohl niemand danach fragt
der kurze Moment, in dem Selbstzweifel fallen
keine Furcht mehr an glühenden Träumen nagt.

Wachsende Wunder entstehend aus Wunden
die wie Sprösslinge sich aus dem Boden erheben
wartend ertragend vergebene Stunden
genommene Zeit, die bereit ist zu geben.

Verschwendete Freiheit und verlorene Jahre
durch Angst, Hass, Verleugnung und Panik regiert
doch Worte malen leise Bilder der Hoffnung
bevor der Verstand in Ängsten erfriert.

Freude
dass zwischen grauen Steinen des Alltags
ab und zu farbenfrohe Blumen sprießen
sie wachsen zwar langsam aber haben Geduld
wenn man ab und zu daran denkt, sie zu gießen.

Freude über Worte, Klänge und Farben,
und dass sie trotz allem im Stillen weiterleben
dass jede mögliche Leere ertragbar wird
weil diese Blumen Hoffnung geben.

Vielleicht bist du der Regen
der friedlich der Dürre widerspricht
vielleicht bist du der Wind
der im windstillen Raum
seinen Willen bricht
vielleicht ein Sturm
gezähmt und gebändigt
und zur Ruhe getragen
auf der Suche
nach einer friedengebenden Antwort
im fliehenden Wahn
unendlicher Fragen.

monismus

in den grausten momenten des alltags
in denen alles bedeutungslos scheint
während andere lachen und leben
ein herz in der leere weint.

während niemand sich wünscht
die bedeutung
im eigenen sein zu verstehen
während alle die suche nach wahrheit
geschickt
durch vertrauen umgehen.

während niemandem etwas fehlt
dein Herz in der Leere weint
weil das Ganze aus bekannter Perspektive
nur als die Summe seiner Teile
erscheint.

Maskenball

Versteckt unter verdrängten Gefühlen
nicht zu wissen wie es ist Leben zu spüren
gut gebildet, gut erzogen
ständig
verspottet, betrogen, belogen.

Sie sagen
"Mein Kind,
hier wird nichts verschenkt."
und doch jedes Kind
an den Weihnachtsmann denkt
"Haben die, die mich großgezogen
jahrelang Verspottet, betrogen, belogen?"

Ein Kind lernt sich wehren
es lernt, nicht zu weinen
versteckt seine Träume
die lachhaft erscheinen.
"Benimm dich, du Kind,
du wurdest erzogen!"
„Vater, Mutter, habt ihr gelogen?"

Es lernt zu vergessen
sich mit anderen messen
lernt Mauern zu bauen
beginnt zu misstrauen.
als Prinzessin, als Superheld großgezogen
"Ich bin nicht der Größte,
Sie haben gelogen."

Es liebte nichts mehr
als den Maskenball
sah Tiere, sah Helden
überall!
Ein einziges Mal
jemand anderes sein.
Nun bleibt es zu Hause.
Ohne Maske.
Allein.

"Nun trag ich die Maske jeden Tag,
Mal diese, mal jene,
Nicht weil ich sie mag
Ich trage sie
Um nicht ich zu sein
Ich
wär auf der Welt
Verloren.
Allein."

Erinnerung.

Wenn der Alltag sich im Grauen zeigt,
und sich die Bilder nicht bewegen
der Sommer sich zum Ende neigt
Abenteuer schlafen sich legen
Wenn die bunten Blätter
langsam aber sicher
verblassen
beginnt der Sommer
langsam aber sicher
seine Früchte zurückzulassen.

Ist es nicht seltsam
dass der Sommer
dich immer wärmt
nur wenn du ihn richtig erlebst?
Und dir aus bunten Fäden der Erinnerung
eine warme Decke webst.

Die Nächte werden immer kühler
es ist schön, im Sommer viel zu sehen
doch vielleicht brauchst du nun den Winter
um was du gesehen hast
auch zu verstehen.

Die Erinnerung wärmt
sie erkennt und sie liebt
sie lächelt
sie strahlt
akzeptiert und vergibt
statt für abzweigende Wege
Reue zu zeigen
wird sie sich vor
gefühlvollem Mut verneigen.

Sie wird nicht richten
oder Zeit mit Uhren messen
sondern sich erinnern
und lehren zu vergessen.

Wo kein Halt mehr fließt
und der Anker im Sand sich befreit
im ständigen Fluss der Veränderung
doch niemals zum Springen bereit.

Unerwartet und unverhofft
die Welt zum Stillstand
sich rasant bewegt
zur eigenen Rettung
einsam und erschöpft
sich endlich zur Ruhe legt.

Anpassungsdruck

Durch Sprachen fließen Gedanken
durch Kulturen zerfrisst sich das Ich
mit jeder Verschiedenheit verschließen sich Schranken
nicht zu verleugnen und unvermeidlich.

Um sich selbst eine ehrliche Stimme zu geben
in der man Prioritäten nicht vermisst
stetig in ständigem Widerstand leben
ohne zu wissen, ob es Widerstand ist.

Parallel zur Selbstverständlichkeit
eine Spur mehr als das Beste zu geben
heimatlos losgelöst
nach dem Verlust seiner Wurzeln zu streben
im ständigen Druck zur Rechtfertigung
während Vorurteile Augen verkleben
hoffen
es irgendwann wert zu sein
ohne Schuld
das bessere Leben.

Abhängigkeit

Verloren
und verrückt nach der Droge
die der Verstand mit Abscheu verflucht.
Niemals gefunden
doch nur sie kann das geben
ohne zu wissen
wonach man sucht.

Die Wärme nicht vergisst
den Rausch doch vermisst
während kalt sich der Verführung entzieht
und der eiserne Wille ist nur ein schwaches Gerüst
wenn vor sich er vergeblich flieht.

Im Sumpf

Kraftlos leer am Rande sitzend
kurz davor endlich zu rennen
lassen freiheitsliebende Gefühle
alle Lasten niederbrennen.

Ein Sumpf aus klebrig dunkler Masse
aus Hass, Schuld, Gewalt nach unten zieht
eine Masse, die blind und leidvoll ist
und trotzdem kaum einer vor ihr flieht.

Den höchsten Widerstand erleidend
droht beim Versuche unternehmen
doch der Gedanke
es könnte alles schlimmer sein
lässt Schuld blühen und Hoffnung lähmen.

Sie ziehen an den letzten Gliedern
die dem Menschen im Sumpf verbleiben
wünschen jenen flüchtenden Seelen
dass sie mit ihnen nach unten treiben.

Doch insgeheim ist der Wunsch viel größer
dass sie sie mit nach oben ziehen
denn hinter den Ufern
da scheint Licht
für dass es sich fast lohnt
zu fliehen.

Doch eines Tages lassen sie los
um sich der Masse erneut zu fügen
denn die Kraft
sich aus dem Sumpf zu ziehen
wird nicht mehr als für sich selbst genügen.

Schatten

Irgendwo sich still versteckend
sie unter der Fassade lauern
die Dämonen eigener Schatten
winselnd unter Treppen kauern.

Schatten in allen dunklen Formen
im Gang der Sonne uns begleiten
und wenn wir nachts die Augen schließen
durch unsere Träume uns geleiten.

Unsichtbare schwarze Lichter
unter dem Schlafe sich verstecken
manchmal werden sie verschwinden
wenn die Strahlen der Sonne uns wecken.

Manchmal bleiben sie als Bilde
ferner im Traum besuchter Orte
nebelverhangene Gefilde
unbeschreibbar trüber Worte.

In die tiefen schmalen Schluchten
der Vergessenheit schnell fallen
Träume wie Schatten dunkler Wolken
an glasige Wände der Gegenwart prallen.

Verbleiben kindlich reine Ängste
wenn Schatten im Dunkeln sich bewegen
leise Schritte des Kellers Treppen
sind Tropfen des friedlich fallenden Regen.

Ich frage mich
ob Rehe auf den Feldern
mit Verstand verstehen
dass Jahreszeiten kommen
und Jahreszeiten gehen
ob Bäume sich im Herbste nicht
nach dem Frühling sehnen
ob Pflanzen müde und erschöpft
kurz vor dem Sterben gähnen.

Ob Blätter sich im kalten Wind
des Baumes Zweigen wärmen
ob Winde voller Wucht und Wut
um sich zu zeigen, lärmen?

Wissen grüne Bäume bloß
warum sie sich verzieren?
Und ohne sich zu wehren
ihre Farbe bald verlieren.

Ob sich bunte Blätter fürchten
das Sterben zu erfahren
ob ein Blatt sich nach dem Sommer fühlt
wie ein Mensch nach vielen Jahren?

Ob sie nach dem sanften Fall
die Äste schon vermissen?
und sie den Baum
nie mehr berühren
ob sie das jemals wissen?

Eines Lebewesens Leben
jemals als ungerecht zu sehen
gewissenlos sind Herbst und Winter
Menschen nicht verstehen.

Ob wir Menschen selbst
allein im Leiden leben
Veränderung als Fehler sehen
ohne sie anzunehmen.

Ob unsere Schwäche darin liegt
die Macht an uns zu nehmen
uns der Gedanke von Kontrolle
doch scheint zu übernehmen.

Wie muss es sein
ein Blatt zu sein
in einem nächsten Leben?
Dem Baume für das Leben danken
und es ihm wieder geben.

Warm verdrängte Sommertage
die sich nun zum Ende neigen
blattgesättigte grüne Kissen
werden zu müden kahlen Zweigen
lang ersehntes kühles Wasser
beruhigend durch die Hitze fließt
grünes Gras zum letzten Mal
lebendig aus dem Boden sprießt

Zuschauen wie Jahr für Jahr
die Natur sich zur Ruhe trägt
sich mit einem Regenbogen
als Abendlied
zum Schlafen legt

Der liebliche Duft von Hoffnung
noch leise durch die Adern klingt
ein Vogel durch die Welten ziehend
nun ein Lied vom Aufbruch singt

Die bunten Blumen in unseren Gärten
nach und nach langsam vergehen
Abschiede die langsam kommen
tun weh
auch wenn wir sie verstehen

Die Jahreszeiten kommen und fließen vorbei
die wir voll Ehrfurcht still betrachten
in Erinnerung an den Moment
als wir aus dem Winterschlaf erwachten.

Ein Schriftzug,
der wie ein roter Faden
Erinnerungen abstaubt.

Formen, die sich bewegen,
wie längst
durchgeblätterte
doch niemals zu Ende gelesene
Bücher.

Gewöhnliche Worte
die in dieser Schriftart
plötzlich so fremd aussehen.

Weil jene Gefühlslandkarten
sich doch eigentlich
schon in längst
verschlossenen Schubladen befinden.

Weil es Bücher gibt,
die nicht nach einer Überarbeitung schreien
weil der Autor
plötzlich die Worte eines Fremden darin liest.

Weiße Figuren
auf schwarzem Untergrund,
die wie ein Abendlied klingen,
obwohl längst Morgen ist.

Die Nacht sich
wie ein schüchternes Kind
unter den ersten Sonnenstrahlen
wie unter einer Bettdecke versteckt